盡蘊於書
The Yuniverse Within

溢

王薀 老師

自年少起即從學許多碩德耆宿、世外方家，遍覽東西方典籍，素愛閱讀並且收藏各類古籍善本、書畫，從東方的孔、孟儒家學說、仙道之學、佛家三藏十二部經典，以及西方的心理學、哲學和文化歷史皆有喜好研習與探究。同時也是藝術家、古董收藏家、武術家、資深五術研究家及雅好品茗的茶藝家，曾是台灣早期開創茶藝文化先進之一。長年與大眾結緣，以深入淺出的真情摯語，為有緣人注入汩汩的生命暖流。常受邀於國內外不同團體、學術機關和學院，不斷舉辦講座、演講，為現代人困執痛苦的心靈，開啟智慧方便之門。

近年來致力於書寫創作，更是關鍵評論網的專欄作家，及健康2.0、常春月刊等國內外各大媒體約稿作家，文章經常散見在各類報章雜誌上，而其著作亦連續三年登上Amazon亞馬遜各類暢銷榜第一名，最新外文著作上市以來，更打破連續61天第一名紀錄，名列美、加、英、法、德、澳、日等7國，合計37類書籍暢銷排行榜及新書榜均獲得第一名！著作皆時常在國內的博客來、誠品書店等通路相繼獲得暢銷榜第一名！

王薀《金句》所作之序

童齔之年受家中長輩和諸大人啟蒙之故，直至漸長未曾停輟，有諸善緣可以節錄恭讀三教內及孔論、老莊之經論格言，如同中國歷代之流傳未歇，諸如《詩經》、《書經》、《禮記》、《小學》、《孔子家語》、《管子》、《韓非子》、《說苑》、《淮南子》、《列子》、《唐詩選》、《文章軌範》……等。憶年少時，長者有云：「如果自小有唸讀《增廣賢文》，將來便可口舌無礙」，又說若再閱讀過《幼學瓊林》那便可以行走四海，廣結天下。另曾讀到如能把唐代李瀚所編《蒙求》一書讀熟，自然一切成語琅琅上口，可以語驚四座。後來又有機緣從學於書香名門之裔，由良師口中諄諄提示《十八史略》、《宋代名臣言行錄》、《三體詩》、《夢溪筆談》、《經史問答》、《朱子治家格言》、《圍爐夜話》，後又加以高中時期國文恩師特別要我多留心於《尚書》，並言此為中國歷代史實所載最多最廣之書，如果對於研究歷史特別是古代史，不可不讀，日後所得不僅可以從史實史料中爬羅剔抉之中發現許多未曾了解之歷代民情和風俗，尤其是歷代的哲學思想，也因此涉獵讀誦不少天資奇文，可謂富豔難思，也因此讀閱到和許多《易經》相關的古代卜筮之書，對於《連山》、《歸藏》、《周易》，從此有入門之檻，漸漸從易象符號體會文變之詭、變易之妙。

從另外的一段人生起伏之端，至三十而立之前，由於嗜書早已形成一種癖好，幾乎無日不讀，稍有閒暇便手不釋書，已到無書不讀之況，經常從錦繡山光水色之中得窺雲容花貌。從這些古籍中屢見前賢聖輩踐實居敬、窮理致知為學之風範，引導給用之故，竊有段時間曾竭力下手於經訓之間，如《歷代名臣言行錄》、《家禮大成》、《近思錄》……從其中有求知於性情者，有窺見諸理處。但越數年經過始知如此，即便窮有生之年，欲得古人內外之道，天地高厚，憑我一己駑鈍之資，恐窮畢生之力要達豁然有覺之處，絕無脫然悟入之實，頓然有失……後來蒙恩師之善導，方覺做學問有幸受啟以為樂莫之大，只要反身至誠，從文字經集之中，不受外物所移、學說所惑、外鑠所迷，可至明理於我，則一生無悔……。

因此，曾經於一段時間內，內心世界裡吟哦自語之聲不絕……「不亂於心、不困於情、不畏將來……」之類語錄內容反覆於心耳之間，如此又經歷了一段時日。後來偶然某日行至牯嶺書肆正在閒散瀏覽中，無意許下近代西方所著之哲思，如此類托爾斯泰、尼采、伏爾泰、盧梭、康德、莫泊桑、左拉……漸漸地也拾掇到不少西方哲人內心深處的優雅，這些書籍似乎也讓我擺脫劃地為囚的桎梏，從內心能量的消耗，偶然間似乎得到了心靈的避難之所，可以稱它為在人生中也算優美的時光中與其相會，這也使得原本心中從無聲的捨棄之下，又重新看到了敞亮，因此我相信那一句「生命裡沒有無法超越的沉淪，重要的在於不能錯過……」至此之後，無論是東方與西方，我似乎又尋找到另外的一徑，或許是自我期許下，生命給自己的饋贈吧！

總而言之，在書海浮沉的半生中，雖然無大喜之獲，從學的過程中，難免也有錙銖患得之失，但始終覺得學問之道求其本心而已，本心者在於安心與放心，因此，多次思惟反覆。安心者，只要讓有緣之人從文字相上得其一二，使其放心，本意已得即可，再也無需存有絲毫芥蒂。再者，從浩瀚無垠，數不勝數書城中歷經三餘之讀，無論是丹書鐵卷，抑或晚近所追讀西方之思潮都產生莫大之啟迪，更了解天地宇宙雖大，但從不曾限隔人，反倒是人類的器格狹小，自隔自限於宇宙之外。從此更能領略讀書求取知識若可以知本，誰說六經非我之註腳，因此心胸漸次從重內外索到可以做到遺大遺細，放飯流歠，不和諸同好做無謂之齒決辭辯，久矣！

對於過往從年少時期所承事追隨受教之山長、夫子，不可謂不多，但統諸諸長莫過於昭德知性而已，所謂知性則近於知天，知天莫過於了知自心……一日因為憶昔思往之故，驅車徜徉於重慶南路沒落蒼涼往日經常造訪的老書坊，幸遇昔日亦曾商學過之長者，此老一度門徒俱盛，三台之間往來問學者門庭若市，近十年間未曾謀面，當下緣見於書坊，老先生爽朗呵笑，緊握住我的雙手，一股暖流直透心間。先生自幼淵源於餘姚、姚江學派，對於陸子心學極有深入，於宋代、明代諸大家多有承襲，學問不可謂不廣……當日和先生久別重逢，方知老先生當時已近百歲之齡，但神情、精神望似六七十歲鄰家老翁而已，毫無衰老之態。私忖陽明一系，除了心學之外，也多有兼修心齋坐忘之術，過往老先生靜坐已達半個世紀，想必三足之得源自於心性及性命雙修之間，令人望而生敬，心想近代做學問者如此，可矣。

金句者，經典之句也。經典是即便時光再久遠，也會令人反覆咀嚼思索不斷之文字詞句，都可以稱得上經典，而歷代諸子受人敬重之大家，都有其畢生體會之經典要句傳世，有些藏之名山經由後人刪定，後傳於世；有些後世子孫加註流通，可謂洋洋大觀、薈萃屏列，無法盡得。二三十年前偶得中西方之名人金句數本，當時心甚讚許嘆頌，此對於後人尤其是當代人幾乎操碌於世俗八事之中，為了現實可謂熬油費火、波動不盡，怎有可能如古人般靜心讀誦古哲之智句……。

《金句》之書成書之緣起，應是早期與老夫子在重慶南路會，先生所講的一席話有關：「現在像你們這般年輕人，而有心於古籍經論之研讀者少矣，我多年來頗憂心古文化將斷層，也曾思惟過把古聖先賢之著，如何可以流澤於後代，雖有心卻無法成事，因為需要很多人手的協助，漸漸地年歲愈趨朽敗……將來如若有緣就看你們這一輩人的緣分……」近兩年隨著自己所接觸的現代年輕的學子，甭說從未聽聞過諸子百家之著作，連文字都不知如何書寫。的確！未來的文化勢必為末世之隱憂，但即便如此，所謂束書不觀，遊談無根，現今時勢已非談虛說玄理學，或搖頭晃腦辯論兩漢經學之時。當代人所需要的是極短的文字，濃縮的古詞，化繁為簡的內涵……最重要的是三言兩語便可以解決現代人的愁思、煩憂以及睹看會心的要句，既不費時，又有療癒之效……此《金句》之書便是在如此順緣之下，編寫告罄……是為作序！

二〇二三年春分之時王蘊脫稿於未得閒書齋

金句

溢

1

世上最令人激賞而高貴，是讓自己永不停歇地自立和自強。

人只要活著卻希望不經失敗，只能是矯情和戒慎恐懼，但最後獲得的只能是比失敗更痛苦。

機會往往在困難中獲得，如同垃圾堆中藏有寶石，人不可以沉溺在過去的歲月而忘失生命的潛能，如海棉般願擠即有。

2

盡蘊於書
The Yuniverse Within

年少輕狂時曾想過，什麼是人世間可以追尋但卻無法實現的夢想？

怎樣的本事可讓自己打敗無法擊敗的敵人如同心魔，同時又可以涵育天地，承受這世間最難承受的苦痛，最後還可以雍容自在並往來於連鐵骨錚錚的勇者也懼怕的驚濤駭浪之中，獲得永恆的平靜？

3

盡蘊於書
The Yuniverse Within

要竭盡所能地給予，而不要一味地掠取，忠於自己的良知，清楚地看到自己的偏斜，要深知真正的完美。

4

傷痕是勇者的勳章，害怕和竊笑受傷者身上傷痕，反而是弱者。

賢者的本質是進退皆樂，悲喜皆歡，永不受夜梟和悲涼的侵擾。

5

盡蘊於書
The Yuniverse Within

為善雖是好事，但有其難，難在不可錯一，整天滿口善言善語但不可說錯一句，二六之時謹防一念不欺，更需時時提醒不可稍有一事疏忽，也不可貪圖一時的縱快而報在子孫。

6

盡蘊於書
The Yuniverse Within

大鵬一激三千里扶搖直上，靠的是聚蓄和奮力。

古樹參天，雲視霄漢，來自於盤根錯節向下扎根。

7

盡蘊於書
The Yuniverse Within

安穩之人早諳利害之際，不可有失平常。人之患在疾成，可曾看百層美廈可曾無基？所謂急走的路不會有好的足跡。

8

盡蘊於書
The Yuniverse Within

大丈夫時運不濟時，要能如霧豹似隱龜，篆香盤盡，燈落雁飛，架籠溜鳥般閒身守道。有朝一日運轉充和燦然一世，運達亨通如雲中之龍，似風中之鵬，時來運轉則當利益天下才是。

9

盡蘊於書
The Yuniverse Within

人的一生中會經歷三種人：

無知卻又不知自己的無知的人，他就是無知之人，避他。

雖然無知但卻熱切希望自已擺脫無知的人，直率無欺，可以試著開導他。

有一等人他雖然知道所知，但卻大智若愚地藏隱且謙卑，這種人往往是先知，就要必須跟隨他。

10

水清無物、水淺難撐，處事為人所成，在得合與得眾，一味地虛內恃外，所得到的將會是一連串的失敗，唯有任力不為己是最佳潛力的發揮。

11

為了愉悅，討好自己的快樂不難。
但習慣掌聲的伶人，要默然走向平淡，卻未必簡單。

12

真糊塗，遇大事迷糊顢頇不知輕重，常為塵情所累，在人情渣滓之處無法消化而滋生煩亂。

假糊塗，逢大事不執泥細節一切事，可以物遷即忘，不受喜悲之困。

難得糊塗，必須可以雖頂烏帽挾紅袖，鼠竄鳥奔，眾人皆醉之時，唯其自醒，揮灑自如。

13

盡藴於書

The Yuniverse Within

無論前程順和逆，福或禍總是霄壤之別，不管你急行或緩到，漫漫人生路終有盡頭，重要的是一路要好走知足，可使終身不辱，當止即止，便無進退之憂。

14

人生有三薄，切莫蹈之，所謂薄言、薄事和薄心，做盡，災禍必臨。

三陰則定要不涉，即是用陰謀、損陰德、殃陰騭，三陰備齊子孫遭禍。

15

盡蘊於書
The Yuniverse Within

靈魂之所以可以怒放，是在於永不回頭的勇往直前，生命的可貴來自於永不言悔，才可以義無反顧。

心中不存在著仇恨，才可以遍地開花，悲憤不平最終得到的是體無完膚。駐足不往，來自於執著過往的歡樂和安逸，路不好走是因為鞋內的一粒細石，而受排斥和非議，乃因自己的高調和張揚。

16

盡蘊於書
The Yuniverse Within

所謂的勇者無懼，並非一時之氣或非理性的衝動，而是把內省無疚，化為坦然的正向陽光，暴虎馮河也許可為自己的立足解一時之困，但沒有道德和仁義做為依歸，充量只是血氣的展現而已，真正的俯仰不愧，千萬人亦可往的光磊坦現，才是照天耀地的錚錚漢子。

17

感情和婚姻中最大的傷害，來自於缺乏溝通和互諒，再來便是沒有站在對方的角度和立場，而一味地企圖改變對方。

18

盡蘊於書
The Yuniverse Within

一成不變的感情是生變的原因之一，神仙眷屬共同需要的是如在佳茗中滲著材料，在冷盤中添加生菓。

維持磐石般的感情，也要理智和擺脫庸俗，就如同松聲伴和著竹韻，不濃也不淡。

19

盡蘊於書
The Yuniverse Within

幸福女人的笑容如太陽般燦爛是無法掩蓋的；悲傷的女人如愁雲遮蔽明月一樣令人為其懷憂。

快樂與幸福是女人一生中最耀眼的寶石。

20

盡蘊於書
The Yuniverse Within

世間之人如可了悟白日一切盡是寐語，處入世於熱腸具出世之冷眼，則自然逢一切逆境都如熱湯澆冰雪般消融無礙。

21

盡蘊於書
The Yuniverse Within

世間有許多回憶和人事物都會褪色，但有一種色彩是永遠令人無法忘懷，那便是歷久彌新的優雅氣質，它就像皓雲在天，明月在地，使人俗念盡消，塵心頓除。

22

人在無可奈何之下，雖然不得不承受失望，
但絕不可以失去希望，一旦沒了希望，便緊接著
就是絕望。

23

千萬不要等待機會的到來，機會是要依靠掌握獲得，否則便會如掌中緊握的流沙一般，終將消失。

平庸的人經常埋怨自己的際遇，創造世界的人是無刻都在改變現實的環境。

24

創造奇蹟的人是因為他相信人世間有奇蹟，現實生活中可以真正做到花開花落去留無心，春暖水寒魚游不顧，眉端不現煩惱，出入縱橫自在，放得下看得破眼前良機，放得下塵情和冷趣，才是人生中最大的奇蹟。

25

盡蘊於書
The Yuniverse Within

身處當今之世，要懂得卑身而伏自求多福，不需要汲汲然營苟智慮，自然可保一世平安，無所不可。

更進一步，若可以達其忘心之境，則可以泰然遨放，到達人物兼忘，澹泊於玄冥之境。

26

爭名奪利就如同沒有理智的狗，互相互咬纏鬥一般，最後只能兩敗俱傷。

勉強換取的名聲，得到的只不過是山谷中的回音罷了。

自身對待自己最崇高的尊重，便是尊重自己的本性。

27

盡蘊於書
The Yuniverse Within

真正情商高的人絕不會貶低別人，貶低他人
抬高自己是表示自己比別人低。

28

盡蘊於書
The Yuniverse Within

要清楚地知道，好不容易擁有的當下一分鐘，是經由數不清的過去時光才獲得的，要超越生命般地珍重它。

29

盡蘊於書
The Yuniverse Within

生活中最殘酷的事情，莫過於浪費自己和他人的時間，綁架了自己也謀害了別人。

30

盡蘊於書
The Yuniverse Within

人生其實哪來的限制？限制是自己對自我設下的，一旦你心中沒有了限制，一切將不受任何的限制。

31

如果你可以漠視別人對你的輕視、嘲笑和諷刺，也代表他人對你的批評也失去了意義，因為你已經接近成功之日不遠。

32

盡蘊於書
The Yuniverse Within

信心決定了你的思想，思想可以左右你的行為，行為是習慣的養成，而好的習慣卻可以影響你的命運。

33

堅強的人，其特質是不論發生任何事，面對一切困境都可以獨自去處理和迎接，而脆弱的人是固步自封，又自怨自艾。

34

盡蘊於書
The Yuniverse Within

火星和地球之間的距離不算太遠，真正遠的是人和人之間的距離。

35

盡蘊於書
The Yuniverse Within

切勿自以為老成持故而恥於下問，人之智慧學問莫不以多聞多學為第一。如果一味戴著假面具，衣革華麗，其實華而不實，敗絮其中，又復何用？

做人處事最先要以道義為先，恪守道義之人，心量必定宏大，心量大則百事暢通，若心量狹窄者器量亦小，量小則一切禍端俱開。

36

盡蘊於書
The Yuniverse Within

煩惱和挫折是成長過程中不可少的激素。如果沒有煩惱，無法看清自己的智慧和需求；假如沒有挫折，便無法看到自己成功的軌跡。

37

不要因為一朝平步青雲而固步不前，不可因困厄顛沛一蹶不振，於順境中尋找陰影，在困境裡享受陽光，無時無刻惕勵自己於馬疾失蹄。

38

盡蘊於書
The Yuniverse Within

讀聖賢之書於立身思惟之際，當會為他人計、他人想，有利於他人皆必要為之，不利且有傷害他人者速避除之，如此以往，無論事大事小，心坦然無窮。

39

盡蘊於書
The Yuniverse Within

無法忍受和承受生活中所應承受的事，皆屬軟弱。

明知不可為而為，僅僅因為自己的貪欲，便是愚癡。

40

真正的智者都是一無所知的自謙者，他在意的不是名聲，而是價值。

什麼是對人有價值的，他便滿其價值。

41

盡蘊於書
The Yuniverse Within

真正要達到心靈的穩定和平安，重要的是對於是非得失，從來不會有任何計算和得失之心。

42

精明者平日必要學寬厚並用，否則禍事隨至。

盛德之人，心地要平，毋改人以嚴，則福必隨至。

43

人生一世即使無法擁有刎頸相交的義氣之誼，但最起碼也要有忘機之友。

44

盡蘊於書
The Yuniverse Within

看待人與人間的對待關係，應是冷眼觀世人，
熱血酬知己，天涯握盡相知手，結交皆為抉鳳豪。

45

盡蘊於書
The Yuniverse Within

如果不畏懼雷擊震撼般的人間磨礪，自然就有日後創造經天緯地的事業。

要有色染成空的本事，才有遍灑瑰麗的錦繡。

46

盡蘊於書
The Yuniverse Within

行事一切宜平實不偏，才是修持中正不二之理。反之，如素隱行怪、譁眾取寵，此為終生後悔之行徑。

47

盡蘊於書
The Yuniverse Within

避免自身困惑和後悔的準繩，在於善解「豫則立、不豫則廢」的原則。

做任何事之前一定要預先預習和準備，出發行事之前也都要預先備齊，最後終不言悔。

48

盡蘊於書
The Yuniverse Within

沒有經歷過磨難和傷痛的人，才會去取笑敵人身上的刀疤及傷痕。那是因為自己未曾受過傷害。

49

如果要說生命之中什麼是令人最不堪的事，那便是你的付出和期許，最後卻因為生命中最重要的人，令你受到最大的傷害，而你不得不割捨和放下。

50

盡蘊於書
The Yuniverse Within

應當要珍視當下和今天，因為它的價值超過所有的每一天。

一定要好好地對待自己的朋友，世上唯有朋友是永無止盡、川流不息的財富。

即便你擁有全天下的財富，但卻沒有朋友，永遠是貧窮。

51

盡蘊於書
The Yuniverse Within

人存於世，最重要待人對己皆要出於至誠，唯有至誠可以破世間百偽之弊。

成就一番事業在於拙和勤，好行小惠，善巧用計，終致一事難成。

52

學習君子之道從愛言開始，不排斥他人的建言，旁徵廣納，最後才可成一家之言。

執古繩今，以今律古，及知而行之，履行之後於艱苦處學習承當大事之方，最後盛德大事，終有抵成一天。

53

盡蘊於書
The Yuniverse Within

古人所云：「少年時期，讀書如同從夾縫之中看月亮一般；中年時候，讀書又如同在園庭之中觀賞月亮；到了晚年，則有如在月台上玩賞月亮一般。學問深淺完全憑乎用心的程度，自會有一番氣象。」

54

盡蘊於書

The Yuniverse Within

真正的無畏和堅強，是因為懂得「和而不流」的真諦，對強橫的人反而使用寬恕包容的胸襟去對待。

終其一生，即便遭逢任何苦橫，立下的志向，從無變塞之心。就算生死相關的抉擇，亦是寧死不屈。

55

讀書要讀至無字之書，才可以獲得無求妙句，能悟解難以通達之句，能參透最上禪理。

56

正向陽光的人，處事之箴是對於過去所做一切永不後悔，對於目前所在進行一切永遠有信心，對於未來所有的一切前景充滿了希望。

57

要征服廣大虛空之前，必先戰勝自己的渺小。

從滿天的黑雲，頃刻的狂風暴雨期間，都是為了迎接燦爛的朝霞所做的準備。

58

盡蘊於書

The Yuniverse Within

對於愛情有畏懼的人，可以換個模式去思考。與其不敢付出愛，不如愛過而失去。

59

盡蘊於書
The Yuniverse Within

成熟人的愛情觀都了解，愛情不是光靠雙眸閃電交凝就可以，而是彼此都有志一同，眼光向著成功道路一致的方向前進。

60

盡蘊於書
The Yuniverse Within

人如要得閒鶴之幽，彩雲之清尚，便要深悟古往今人豈有二手握古今，一肩挑風月之人？最終都需放下，鬆肩。

61

是否曾經想過有一天，當太陽不再昇起，無法再給予溫暖的時候，自己的心如何仍然坦然？應該只有包容和無諍是唯一的可以。

62

盡藴於書
The Yuniverse Within

有智慧的人無論任何時間都在掌握時機，而愚者對於時機的處理，往往如海灘上玩耍小孩手中的流沙一般，在奔路之間不斷地流失。

63

盡蘊於書
The Yuniverse Within

保護自己最好的方法是留意拍馬屁與嘴甜之人，他們是將來最有可能背叛你的人。

同樣地，你也要小心，往往最後離棄和陷害你最深的人，卻是當初你最心愛的人。

64

如果有人可以用昭昭之思相待於你，那你也應該用朗朗之義回報對方。

65

盡蘊於書
The Yuniverse Within

當下不亂，現行不困，本來無懼，充實一生。

66

心若狹小，世界便如芥子；心若寬廣，大事也化微塵。

人世間的滄桑，靠的是冰雪的釋懷，自然餘生無恙。

67

盡蘊於書
The Yuniverse Within

讀書如果失卻了目標，好像叢林裡出走的野兔，漫無目標地閒逛，終究一無是處。

真正的學習，正如蒼鷹，選定了目標攫獲到底方可罷手。

68

盡蘊於書
The Yuniverse Within

我們想要的是歲月靜好，可是內心卻從未歇靜過。

人們總是說歲月不饒人，卻從未檢討過自己也不曾珍惜歲月。

69

人的一生中，最怕的便是孤獨，而所有的孤獨裡面最令人沮喪的就是精神上的無所依靠。

70

盡蘊於書
The Yuniverse Within

身處濁世既不可離群，又必須與人互從，唯一的方法要如同選擇自己要閱讀的書本，要有收穫也要控制好數量。

71

用道德和品格相交的稱做知己，用心膜以心相結稱為知心，

君子之交應該如花草一般，溫度不會增加它的風華，寒瑟也不會使葉子凋零，經歷四時變化歷久不衰。遭遇一切的險難，反倒增長了友誼的堅固。

72

盡藴於書
The Yuniverse Within

堅若磐石的幸福婚姻，充其道理多半是愛情中存在著友誼。

73

庸俗卻又奢華的人生，多半來自於欲望。雖然我們對於已擁有存在的事物不會執著，但是對於無法獲得的，卻始終念念不忘。

74

盡蘊於書
The Yuniverse Within

對於人世間的一切，其實不用太過度在意，因為人的一生就像陀螺一樣，永遠無法擺脫不情願的轉動和痛苦的追逐。世間萬物本質都是不變的，變化的往往是人心的感覺。

75

要善待把你當成仇敵的敵人，因為他是你的生活中唯一會對你說真心話的人，他對你的謾罵和抨擊，就是你變成完美的答案。

仇敵有時比知己還難遭逢，這世上畢竟沒有幾個人願意無私地去得罪人。

76

與人共處相交要受人敬重，最有智慧的做法是要對方了解我們無所求，並且不會使他人有任何的負擔與壓力。同時，要他人知道自己可以的貢獻。

77

精神生活愈富足的人，必是懂得打理和經營內在世界，平和寧靜的人，最起碼你看不到他顯現出任何的煩惱和痛苦，也未曾見過他容易受到騷擾而憂心。更重要的是他對於一切物欲追求，已經沒有它的必要性。

78

盡蘊於書

The Yuniverse Within

要向古聖先賢看齊與學習，聖王之道在於遠離阿諛媚己之人，提醒自己不可一味隨順耳軟地聽取悅己的言語。

平居生活中對人處世需要內外無欺，從善如水，捨己從人。

在修善上，導正自己的警語是「無欲則剛，剛過必屈」的道理。

79

智慧的必要與存在價值是無形的，以現實面而言，雖沒有看到有任何的進帳，卻也從未窮困過。雖然沒有辦法形容它的存在，但是超越虛空，應該是最好的說詞。

80

渴望和欲求是人們活下去的動力和基石，有了希望才會有追求的欲望。我們要在自己的內心世界尋求到幸福是件困難的事情，但如果要在心外，另外去尋求快樂，幾乎是不可能的。

81

世人所謂命運好的天選之人，所指的是那些有才情、有遠觀、有主見，同時，又兼帶有好的個性，這種人沒有顯赫背景，但卻是最令人羨慕，又最幸福的人。

82

盡蘊於書
The Yuniverse Within

相信自身有本領的人，對於他們而言，身外之物的需求，根本是微不足道的，至於他人的微詞和傳言就更加地不重要了。

83

盡蘊於書
The Yuniverse Within

人的無奈，往往在於雖然可以做他自己想做的事，但可嘆的是，他想要的卻未必可以得到。

84

盡蘊於書

The Yuniverse Within

這天下之大，天才不可謂不多，但真正的天才是可以透晰洞視當下的宇宙，並且可以從中掌握，從這裡再發掘到其他的世界。

85

大多數的人，他一生的夢想都是為了追尋幸福而活，殊不知幸福往往只不過是一場夢幻。到最後才看清，幸福的背後多半隱藏著不幸。

86

很多人經歷了大半生之後，心中有了埋怨，喟嘆當初不應該任意地捨離拋下不該放棄的事，後悔的是對那些無需要堅持的事，卻不明白自己到底在堅持些什麼？

87

盡蘊於書
The Yuniverse Within

太多的人終其一生都是在尋尋覓覓本來自身就存在的東西，可是對於那些真正需要存在的，反過來卻又左顧右盼眾裡尋他，我想這便是這代人一直無法獲得滿意的地方。

88

盡蘊於書

The Yuniverse Within

不要去了解事情從何開始，重要的是事情如果是對的，就不要停止。同樣地，無論事後何時停止，一旦停止，你的心也要跟著休止。

89

盡蘊於書
The Yuniverse Within

一個有耐心的人，必然有他的聰明才智處，
因為許多人的成功關鍵都是在於堅持。

90

盡蘊於書
The Yuniverse Within

人必須要活得有理想和希望，因為有理想之處，即便是痛苦也會成為歡愉。

91

盡蘊於書
The Yuniverse Within

無須為了眼前的痛苦而埋葬了自己的希望，
請給時間和過往一點時間，最後歲月的靜好會把
理性、時空、人事，漸漸地都改變。

92

人世間最亮眼的櫥窗，便是一個人的真誠，
失去了真，這世界也逝去了美。
一個人最令人讚揚的是他的正直，同時，也
遠離了虛偽，這才是真正名符其實的智慧。

93

盡蘊於書
The Yuniverse Within

觀察一個人的品格和存在的價值，是看當他有權和有錢時的表現如何。

決定一個人的勇氣是看他在不同環境，表現出來的是怎樣的心境。

94

盡蘊於書
The Yuniverse Within

歷史讓我看到一個真實，凡是真心幫助他人的，最終幫到的始終是自己。

95

生命當中並沒有什麼事是值得我們擔心和害怕的，如果一定要有答案的話，那應該就是恐懼它本身。

96

失敗有時候帶給我們的價值，超過了成功給予我們的意義，要尊重每一件發生在我們生命中的事件。

97

每個人一出生就被要求和賦予成功的重要性，但卻很少有人願意奉獻一生，成為默默無聞而有價值的人。

98

盡蘊於書
The Yuniverse Within

自己的潛力到底有多大，只有自己能知道，而潛力的來源是發生在自己試過了之後自己才知道。

99

失敗是通往成功最重要的必經之路，每失敗一次就更向前一步。

100

盡蘊於書
The Yuniverse Within

人們往往夢想著改變這個世界，但世界上最缺乏的卻是不斷改變自己的人。

101

盡蘊於書
The Yuniverse Within

不要因為暫時受到幸運的眷顧而停頓雙腳，更不能因為短暫的困頓，使自己無法站立。強者的特徵是不斷地從順境裡頭看見陰影，也善於在黑暗中捕捉光亮。

102

這世界永遠是公平的，沒有所謂的幸運。

幸運的人是因為他們已經遠離了一切的恐懼和不安，而厄運對所有人也是善意的，因為所有人在生命中最潦倒時，也可以獲得安慰和鼓勵。

103

盡蘊於書
The Yuniverse Within

人間最猛烈的火焰，才有辦法燒鍊出真金。
一個人是不是真正的強者，只能觀看遭逢逆境時的態度。

104

達標最好的方式，先要在心中模擬和規劃藍圖，並且不斷暗示看到完成的遠景，剩下的只有努力去實行和等待著迎接成功。

105

盡蘊於書
The Yuniverse Within

對於人世間人事的載浮和變幻，無須太罣執，你必須認清楚所有的人都必須經歷磨練和挫敗。苦難是必須靠自己點亮內在的溫度，才有辦法重新再現生命的火光。

106

盡蘊於書
The Yuniverse Within

內心愈是強大的人，表示自身對自性的擁有愈是肯定。同時也表示他對一切物質世界的存在，完全是漠視的。

107

在這一片喧譁的世代裡，僅僅懂得用平常心
去看待這一切，已經是不可思議。

108

盡蘊於書
The Yuniverse Within

生而為人唯一能做的是對生命抱持最高的希望，對人生要盡最大的努力，但也要對一切不可知的未來，有著無限的憧憬。

109

記憶是為了遺忘，學習是為了智慧，貪婪是因為害怕失去，彌補是給罪惡有隱身之處，而真正地去了解和認識自己，是為了自己的完整。

110

盡蘊於書

The Yuniverse Within

做每件事最重要的是，要在恰當和適合的時機，如果沒有吻合，這便是失敗的象徵。

111

盡蘊於書
The Yuniverse Within

生活的品質，不僅僅是慣性地活著而已，而是在於活在每一個清明愉快的當下，並且創造出更美好的人生。

112

盡蘊於書
The Yuniverse Within

主人和奴隸最大的差別是在於誰掌握了對方的思想，對自己的行為無法負責和掌握的，便是他人的奴隸。

113

要把言語和心聲化諸為行動，往往會比原本要行動的變成話語要困難上許多。

114

盡蘊於書
The Yuniverse Within

一個願意認命而活的人，或許可以安穩一生，但是他卻無法確定，一旦暴風雨降臨時，他將要生於何處。

115

盡蘊於書
The Yuniverse Within

成熟穩健的靈魂會知道當自己在谷底仰人眼鼻時，要學會堅強，在紅火順風時，卻是要臨薄謹慎。

116

愈有智慧的人，愈懂得善待時光，因為他知道生活中唯有它是快慢長短最難掌握的，而且從相處中，更顯彌足珍貴的是只有它可以讓你體驗到稍縱即逝間，永恆的難能可貴。

117

天底下沒有十全之事，更沒有你想要就可以全要的事，當你要了一部分，也代表失去了其他。

一定要記住，你要全世界，最後可能失去了整個天下。

118

盡蘊於書
The Yuniverse Within

真聰明是看穿而不說破，真智慧是心中有數，卻三緘其口。真至情是悲傷時如彩墨揮空，絲毫不落。痛苦時，雖然悲愁萬狀卻千秋風雅。

119

盡蘊於書
The Yuniverse Within

得不到的不見得是最好的，最好的是懂得珍惜，並可以好好地莫使失去。

120

美滿的婚姻是想好就決定，決定了就不後悔。真幸福最好的證明，那便是水流任意、微風不著，物我兩忘的心情。

121

可以接受失敗的人，代表隨時可以擁抱成功。

懂得改變和創新的人，他成為經典人物是遲早的事。

122

真正的無可取代是永不停止地進步，而浪費生命卻是不斷地挖掘一片土地，那代表著將永遠無法跨越任何的領域。

123

不要想著改變別人這檔事。改變他人前，先改變自己。先別隨意地妥協自己，妥協前先要看看如何說服自己。

124

真正的優雅是懂得如何拒絕，真正的大方是知道何時放下，而真正的善巧是永遠站在別人的立場做設想。

125

一個人的功成名就不是用淚血和汗水獲得的，而是用全部的生命。

一個真正純善之人，是永不放棄纖毫善行，同樣地，在他心中也必無毫髮之惡念，這才是心的善念。

126

君子和小人最大的區別是，君子須守德如玉一生，而小人卻簡單轉念便可得成。一味地縱容小人，卻不知縱容小人的行徑更甚小人。

127

盡蘊於書
The Yuniverse Within

一個人的輕浮出自於脫軌，太過於挑剔是因為生性怯弱和猶豫，而實在可靠的人處處在實處住腳，時時找穩處下手。

128

盡蘊於書
The Yuniverse Within

獲得身心安然的方法是凡事一切隨遇而安，真正的生命安好是始終可以心不亂於境，無怍於情愛，不困於名利。

129

爭分奪秒未必是必勝的要件，坦然和從容反而可以超越過往的隨波逐流。

130

盡蘊於書

The Yuniverse Within

生命的長度是靠少欲無求得以延展，生活的品質卻是有賴於放鬆和不強求中獲得。

131

盡蘊於書
The Yuniverse Within

也許你已具備了勇氣，同時也擁有堅定的意志力，但唯一更重要的是，還要有永無止盡和永不停息的希望！

132

生活向前的推動力，是來自於希望，人一旦喪失希望，便會帶來絕望，而絕望是把人推向毀滅的火把！

133

盡蘊於書
The Yuniverse Within

因為你敢於去希望，所以這帶給你的是超越一切的期望，而幻想與實現之間，最重要的橋梁便是期望。

134

偉大的特質，是平生不會因為生活中沒有幸運而產生恐懼與不安，更不相信需要安慰與鼓勵才會讓自己茁壯。

135

盡蘊於書
The Yuniverse Within

引導自己人格提升的三大要素：對自己無微不至的自重、滴水不漏般的自覺，和永不停息的自創！

136

世界上沒有永不犯錯的人，但最可悲的是永遠都執著己念永不更改的人。

137

盡蘊於書

The Yuniverse Within

一個人他可以在太陽底下放浪縱笑，在風雨之中疏放邁爽地奔馳，是因為他擁有了真正的自由自在，自由是因為自身的修為已達曠然無私，以及不影響他人克己約束自我的能力，早已超越彼我之境，任其自然和隨緣不變的蕩然。

138

盡蘊於書
The Yuniverse Within

可以亨通的人，必定深諳「富貴有常，其道乃實；禍福非命，其道乃察」的真理。

明白保身之道的人，定然是了解有羈知恥，智需潛藏，其害方止，方能避殃免禍，餘慶不絕。

139

一個會功成名就的人是他懂得從失敗的殘垣破瓦中，找尋出璀璨的珍寶，而注定失敗的人，卻是面對他人偶爾的揶揄和碎語便會崩潰不堪。

140

盡蘊於書
The Yuniverse Within

人的一生猶如一本歷史故事，有沒有意義，
值不值得反覆閱讀，重點在於它的內容。

141

盡蘊於書
The Yuniverse Within

每個人都是要求得很多，但最後卻一無所得，因為忽略了生命是如此地短促，命運終結於無常。

142

盡蘊於書
The Yuniverse Within

生命之中最大的悲哀在於無法堅定地保存住好的習慣，同時又沒法抗拒種種明知是錯誤的誘惑。

143

盡蘊於書
The Yuniverse Within

生來無法改變的也許是命，長大以後一切面對的可能是運，如果可以用自己的智慧和努力去經營的便叫命運。

144

盡蘊於書
The Yuniverse Within

精金無瑕的品格，源自於憂患中的包容與從容，而幸福的獲得，卻是得自寒天烈火下無愧地付出。

145

盡蘊於書
The Yuniverse Within

知識的累積，並不是書讀得多與少，而是吸收和思考；生命的張力，不是因為活得夠長，而是對生活的體驗深不深。

146

盡蘊於書
The Yuniverse Within

生來便軟弱的，要從現實中尋找境界成為力量；原本就一無所有的，唯有靠創造才能富有；生來就庸俗無知的，更需要學會判斷。

147

盡藴於書
The Yuniverse Within

每個人都希望獲得自由，其實就代表著更不自由，個個都要解脫，但它的背後所意味的是更大的束縛。

148

盡蘊於書

The Yuniverse Within

炫耀多話的人是因為無知；沉默和微笑是因為謙卑和自覺不足。

149

盡蘊於書
The Yuniverse Within

當懂得使用眾人的力量時，你已經學會了萬人敵。當可以結合一切人的智慧時，表示已無愧於聖人。

150

盡蘊於書
The Yuniverse Within

可以傷你心的，往往是你親近的人和有心人，一個到處誹謗你，一個把訊息告訴你，當然受傷的就是你。

151

團隊中重要的是萬眾一心，無的不成，所謂千人舉弓，紅心必中，三人如虎，五人似龍。

152

盡藴於書
The Yuniverse Within

人沒有真正的敵人，除非不想得到和平，要和平就要會和自己的敵人和諧共處，最後也會從雙向變成直線。

153

盡蘊於書
The Yuniverse Within

什麼是真正的快樂？永遠都有偉大的目標在進行。什麼是真正的樂觀？永遠都有退一步的方法可想。

154

崇拜海，在於驚濤駭浪之間；仰慕郁郁青草，只因遍長在廢墟之中；誇讚星光，可以浮雲往來於牛渚之間。

155

盡藴於書
The Yuniverse Within

相愛濡沫不是束縛，靈魂之侶也非共飲一杯。牽手歌舞，但神魂獨立，可以彼此交心，但並非占有與收藏，即便平行站立，但仍有距離。

156

每個人都活在兩個自己之中，一個是清醒的，一個是昏睡的。需要的是乾柴和火焰，可以彼此激勵暫時的休息。

157

盡蘊於書
The Yuniverse Within

如何抵達終點已不是最重要，最重要的是要
清楚地踏上第一步。

158

真心恰似海綿，心懷好比大海，然而大多數人只欲汲取，而不肯奔流。

心之悠適也可令小舟吟嘯，覽千古之事於心海之中。

159

盡蘊於書
The Yuniverse Within

真愛只能留給自己，因為它不給予，也無需索取。

聖潔之愛是從不占有，任何人也不忍占有它，因為無私，彼此皆得滿足。

160

盡蘊於書
The Yuniverse Within

從了解自己所愛的人，便可以清楚看見自己，因為愛人的過程，就是自己的心路歷程。

161

盡蘊於書
The Yuniverse Within

要擔心的不是自己遭受的苦難，而是要羞愧地自覺自己的覺受，配得上所承受的苦難嗎？

162

盡蘊於書
The Yuniverse Within

當生活中產生問題時，先別管問題有多大，
而是要看看自己的信解心有多強，可以幫自己伸
解的不是外在的神祇，而是你的自性！

163

盡蘊於書
The Yuniverse Within

如果您現在正火燃眉急，憂心忡忡，四處奔走，但卻求救無力，不妨讓自己波動的心暫時停歇一下，向一切的憤怒及不滿請個假，唸個《心經》觀看觀世音菩薩的聖容吧！您的內心世界將從此改變。

164

盡蘊於書

The Yuniverse Within

人之無法掌握機遇是因為自己的執著，現在即便再有好運來臨，卻又因自己的偏執，應來的沒來，懊惱也沒用，當下可以解救您自己生命的，只有您眼下的念頭！

165

盡蘊於書

The Yuniverse Within

在生命的河流中，每一個當下都會有外境加入，雖然您無法當境界的清道夫，但最起碼您要明白來的是什麼？

166

盡蘊於書
The Yuniverse Within

我們要注意的是裡面的，我們要忽略的是外面的。眼看的一切只不過是心的展現而已，不值得在意。

167

盡蘊於書
The Yuniverse Within

先學習吃虧，去尋找逆境。安住並享受詆毀，泰然和受辱同在，一再地讚嘆橫難，並且感恩突然其來的驟變。

168

一個人愈來愈看不到自己的成就時，表示他已懂得了謙虛。一個人如果可以在大庭廣眾下侃侃而談自己的缺點，那代表他一直在誠實地面對自己、改變自己。

169

養生之要宜祛除名利之心，平淡大喜大怒之習。縱情聲色之欲要除，口腹之欲當淡，避免過慮神散，積陰養德，安身固本，無為無求，常守中道之人，無論貧富不改其志。只要多愁攝心、多思，神必失殆，念頭過多則渙神耗志。無事閒時，但善養片心，握固垂簾存養心性；日常居時，避酒色，少嗜欲，遵古訓，守綱常，重倫理。

金句 2

王薀 老師 著

編輯：善聞文化創意編輯整理
出版：善聞文化創意有限公司
地址：台北市郵政信箱 117-772 號
電話：+886-(0)2-2707-8599
傳真：+886-(0)2-2707-5788
Email：bhagavanpublishing@gmail.com

歡迎加入 王薀老師
facebook 粉絲頁：www.facebook.com/teacherwang777
LINE 官方帳號：拾慧文創
Instagram：teacheryun777

初版一刷 2025 年 1 月

ISBN　978-626-7196-37-3
定價　NT$550 / HK$183
◎ 本書如有缺頁、破損，請寄回更換

國家圖書館出版品預行編目 (CIP) 資料

《金句 2》 王薀 老師著
初版／台北市　2025.01；
352 面；13.3x19.3 公分；(精裝)
ISBN 978-626-7196-37-3
1. 箴言
192.8　　113016978

ISBN 978-626-7196-37-3
00550
9 786267 196373
定價 NT$550 / HK$183

盡蘊於書
The Yuniverse Within